Les structures, c'est quoi?

Adrienne Mason

Illustrations de **Claudia Dávila**

Texte français de Marie-Josée Brière

Éditions
■SCHOLASTIC

Conception graphique : Julia Naimska
Conseillère : Jean Bullard

5 4 3 2 1   Imprimé et relié en Chine   06 07 08 09

Catalogage avant publication de Bibliothèque et Archives Canada

Mason, Adrienne
Les structures, c'est quoi? / Adrienne Mason; illustrations de
Claudia Dávila; texte français de Marie-Josée Brière.

(Explique-moi les sciences)
Traduction de : Build It!
Comprend un index.
ISBN 0-439-94131-8

1. Construction, Technique de la--Ouvrages pour la jeunesse.
2. Construction--Ouvrages pour la jeunesse. I. Dávila, Claudia
II. Brière, Marie-Josée III. Titre. IV. Collection.

TH149.M37314 2006   j624.1   C2006-900323-8

Table des matières

Des structures partout

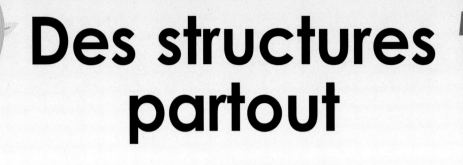

Les structures sont des objets composés de différentes parties. Le banc de bois est une structure. Il comprend un siège, un dossier, des accoudoirs et des pieds. Ces parties sont assemblées à l'aide de clous et de boulons.

Les bicyclettes et les manteaux sont aussi des structures. Peux-tu trouver cinq autres structures sur cette image?

Dans la nature

Les humains fabriquent des structures, et les animaux aussi. Les oiseaux font leurs nids avec de l'herbe et des brindilles. Les castors, eux, construisent leurs barrages avec des troncs d'arbres et des branches.

Peux-tu trouver, sur cette image, trois autres structures construites par des animaux?

Au travail!

Peux-tu construire une structure avec des aliments?

Ce qu'il te faut :

- des craquelins carrés
- un couteau à tartiner
- du fromage à la crème ou du beurre d'arachides
- des cure-dents ronds
- des jujubes ou des guimauves
- des nouilles à lasagne sèches

Ce qu'il faut faire :

1 Choisis, parmi ces matériaux, ceux qui vont constituer les parties de ta structure. Et lesquels pourrais-tu utiliser pour assembler ces parties?

2 Combine deux matériaux ou plus pour fabriquer une structure. Par exemple, tartine le bord de six craquelins avec un peu de fromage à la crème ou de beurre d'arachides, puis assemble les craquelins pour faire un cube.

3 Fabrique d'autres structures, par exemple une maison ou un pont. De quels autres aliments pourrais-tu te servir?

Je vais me servir de cette structure pour trouver quelque chose à grignoter.

Qu'est-ce qui se passe?

Tu peux combiner différents objets pour créer des structures. Dans cette activité, ce sont des aliments qui forment les parties des structures.

À quoi ça sert?

Une tente et une niche sont des structures composées
de matériaux différents. La tente est faite de toile
et de tiges légères, ce qui permet de la transporter
facilement. La niche, elle, est en planches de bois;
elle est conçue pour rester toujours au même endroit.
Et les deux parasols, qu'est-ce qui les différencie?

Ça tient ensemble!

Tu peux assembler les parties des structures de bien des façons. Tu peux te servir de différents types d'attaches pour les faire tenir ensemble. Pour les pièces de bois, il faut des clous et des vis. Et pour maintenir fermés les deux côtés d'un manteau, on utilise une fermeture éclair.

Vois-tu d'autres attaches sur cette image?

Un peu d'assemblage

**Assemble les parties d'une structure
et fabrique une marionnette!**

Ce qu'il te faut :

- un crayon
- du carton solide
- des ciseaux
- un poinçon
- une attache parisienne
- du ruban adhésif
- 2 pailles ou
  2 baguettes

Ce qu'il faut faire :

1 Trace la forme d'un oiseau sans ailes. Découpe-la.

2 Dessine une aile d'oiseau et découpe-la. Fixe une paille (ou une baguette) derrière l'aile avec du ruban adhésif.

3 Perce un trou dans l'aile et un autre dans le corps de l'oiseau. Aligne les deux trous et assemble le tout avec l'attache parisienne.

4 Colle la seconde paille (ou la seconde baguette) de l'autre côté du corps de l'oiseau.

5 Fais bouger les pattes et l'aile de ta marionnette.

Qu'est-ce qui se passe?

Tu as assemblé les parties de ta marionnette à l'aide de l'attache parisienne et du ruban adhésif.

Mon sac à dos est une structure. Ses parties sont assemblées avec du fil, des fermetures éclair et des boucles.

Couche sur couche

Tu peux rendre une structure plus solide en empilant des couches, ou des épaisseurs, les unes sur les autres. La piñata, par exemple, est faite de plusieurs couches de papier et de colle. Plus elle a d'épaisseurs, plus elle est difficile à briser.

Peux-tu trouver d'autres structures en couches? À quoi servent ces couches, à ton avis?

Atchoum!

**Les mouchoirs sont des structures faites de papier.
Sont-ils vraiment résistants? À toi de le découvrir!**

Ce qu'il te faut :

- 2 mouchoirs de papier
- un contenant de plastique vide, par exemple un pot de margarine
- un élastique
- 100 pièces de un cent

Ce qu'il faut faire :

1 Les mouchoirs de papier comprennent deux ou trois épaisseurs. Prends-en un et sépare délicatement les épaisseurs.

2 Place une des épaisseurs de papier sur le contenant. Demande à un adulte de la fixer en place avec l'élastique.

3 Dépose des pièces de un cent, une par une, sur le pot recouvert jusqu'à ce que le papier se déchire. Combien de pièces as-tu mises?

Qu'est-ce qui se passe?

Le second mouchoir est plus solide parce qu'il a deux (ou trois) épaisseurs. Il est important que ton mouchoir résiste quand tu éternues.

4 Prends le second mouchoir. Sans en séparer les épaisseurs, répète les étapes 2 et 3. Qu'est-ce que tu constates?

Ma boîte de jus est solide grâce à ses couches de papier, de plastique et d'aluminium.

Torsades et pliages

Les structures peuvent être plus utiles si leurs parties sont torsadées ou pliées. Par exemple, tu obtiendras un câble plus solide si tu torsades deux cordes ensemble.

Une feuille de papier, c'est mou. Mais si tu la plies, elle devient plus rigide et peut te servir d'éventail.

En accordéon!

**Est-ce qu'une structure est plus solide si elle est pliée?
Cette expérience t'aidera à le savoir.**

Ce qu'il te faut :
- une bande de papier de 10 cm x 20 cm
- 2 petits contenants (verres ou autres), vides
- 100 pièces de un cent

3 Plie le papier, en avant et en arrière, en alternant, dans le sens de la longueur.

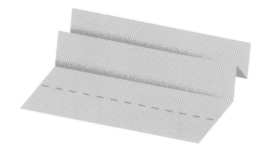

1 Place la bande de papier sur les deux contenants pour former un pont.

4 Replace la feuille de papier pliée sur les contenants.

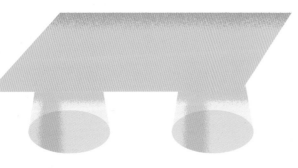

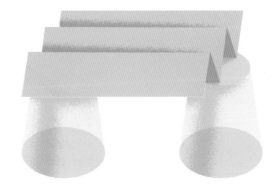

2 Dépose quelques pièces sur le pont. Est-ce que ton pont s'est effondré?

5 Dépose à nouveau des pièces sur le pont. Peux-tu en mettre plus qu'avant?

Qu'est-ce qui se passe?

En pliant le papier, tu as modifié le pont et en as rendu la structure plus solide.

Un carton à trois épaisseurs – dont celle du milieu est ondulée – est très solide.

Des formes solides

Certaines formes rendent les structures plus solides, par exemple les arches et les dômes. La porte du château forme une arche. L'igloo est un dôme.

Vois-tu d'autres dômes ou d'autres arches sur l'image?

La magie du triangle

Comment un triangle peut-il rendre une structure plus solide?
Cette expérience t'aidera à le savoir!

Ce qu'il te faut :

- 12 petits bouts de spaghetti sec (de 5 cm chacun)
- 4 bouts plus longs de spaghetti sec (de 7 cm chacun)
- 8 mini-guimauves
- 1 carte à jouer
- 20 pièces de un cent

Ce qu'il faut faire :

1 Fabrique un cube à l'aide des 12 petits bouts de spaghetti et des 8 mini-guimauves.

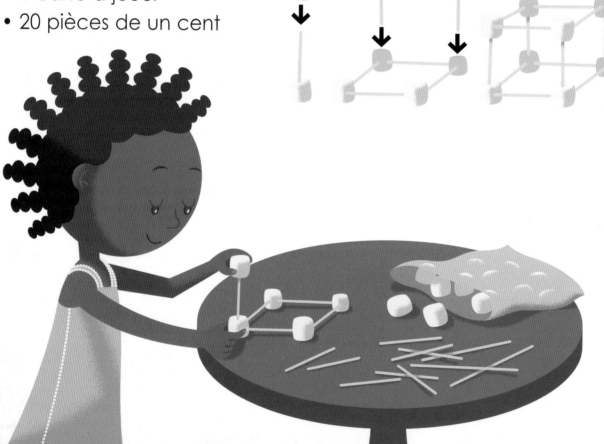

2 Dépose la carte à jouer sur ton cube. Empile les pièces sur la carte, une à la fois, jusqu'à ce que le cube s'effondre.

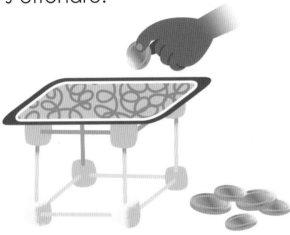

3 Ajoute un long bout de spaghetti en diagonale sur chaque face du cube, comme le montre l'illustration. Tu obtiens alors des triangles.

4 Répète l'étape 2. Maintenant, combien peux-tu mettre de pièces sur la carte avant que le cube s'effondre?

Qu'est-ce qui se passe?

Les triangles ne se déforment pas aussi facilement que les carrés ou les rectangles. Ils sont donc utiles pour fabriquer des objets et des immeubles très solides.

Grâce à ces rayons qui forment des triangles, mes roues sont bien solides.

Des structures de toutes sortes

Les structures sont des constructions ou des objets composés de parties.

Ces parties peuvent être assemblées de différentes façons.

On peut changer certaines parties pour solidifier une structure.

Les triangles, les arches et les dômes rendent les structures plus solides.

Pour les parents et les enseignants

L'information et les activités contenues dans ce livre visent à expliquer aux enfants les notions de structures et de systèmes. Voici quelques idées pour pousser plus loin cette exploration.

Des structures partout pages 4 et 5
Demandez aux enfants de trouver des structures dans la maison, dans le quartier ou dans la classe. Expliquez-leur qu'il ne s'agit pas seulement d'immeubles, de ponts ou de tours. Les vêtements, les jouets, les véhicules et même les plantes sont aussi des structures. Les structures ont une taille et une forme définies, et aussi un usage défini.

Dans la nature pages 6 et 7
Demandez aux enfants de trouver de quoi sont faites les structures construites par les animaux. Par exemple, les guêpes font leurs nids avec de petits fragments de bois mélangés à de la salive. Invitez les élèves à penser à d'autres structures fabriquées par des animaux, comme des termitières ou des cocons. Les enfants peuvent aussi examiner d'autres structures naturelles, par exemple une plume d'oiseau, un os d'animal, une pierre ou une épine de cactus.

Au travail! pages 8 et 9
Donnez aux enfants l'occasion d'explorer différentes façons de construire des structures. Dans cette activité, il n'y a pas de bonnes ou de mauvaises solutions pour assembler les structures, quoique les méthodes de construction utilisées auront une influence sur la stabilité, la solidité et la fonction de ces structures. Vous pouvez aussi proposer d'autres aliments comme des guimauves, des spaghettis secs ou des petits pois frais.

À quoi ça sert? pages 10 et 11
Sur ces deux pages, les enfants peuvent voir des structures faites de matériaux différents et destinées à des usages différents : des assiettes à pique-nique en papier et d'autres en plastique, ou encore les nids du colibri et de l'aigle. Encouragez les enfants à penser à d'autres structures qui se ressemblent, mais qui sont faites de matériaux différents pour des usages différents. Par exemple, un imperméable et un manteau d'hiver sont des structures similaires. Ils sont cependant faits de matériaux différents parce qu'ils sont destinés à des usages différents.

Ça tient ensemble! et **Un peu d'assemblage** pages 12 à 15
Invitez les enfants à penser à d'autres moyens d'assembler des structures. Par exemple, les pages d'un livre sont assemblées avec du fil et de la colle. Les briques d'un mur tiennent ensemble grâce au mortier. Demandez aux enfants de trouver des charnières, des vis, des clous, des goujons, du fil, et d'autres types d'adhésifs et d'attaches.

Couche sur couche pages 16 et 17
On dispose souvent les matériaux en couches pour solidifier les structures. Le contreplaqué, par exemple, est fait d'épaisseurs de bois collées ensemble. Les murs sont faits de couches de pierres ou de briques. Demandez aux enfants de réfléchir à la solidité d'un sac de papier. Est-ce que ce serait plus solide – ou moins – s'ils plaçaient un deuxième sac à l'intérieur?

Atchoum! pages 18 et 19

Essayez cette activité avec des mouchoirs mouillés. Comment cela influe-t-il sur leur résistance? Les enfants peuvent aussi placer les deux épaisseurs de mouchoir en croix (en les décalant de 90 degrés), sur le contenant. Le grain des deux épaisseurs va alors dans deux directions différentes. Est-ce que cela change quelque chose au nombre de pièces de monnaie qu'il est possible d'empiler sur les épaisseurs de mouchoir avant qu'elles se déchirent?

Torsades et pliages pages 20 et 21

Démontrez la solidité des structures torsadées en organisant deux parties de souque-à-la corde entre deux enfants. Pour commencer, prenez deux longs bouts de laine, sans les torsader; ensuite, prenez-en deux autres que vous aurez torsadés. Lesquels étaient les plus solides? Cherchez d'autres exemples de ficelle ou de laine tressée ou torsadée. Pliez aussi du papier pour le rendre plus solide et pour fabriquer des éventails, des chapeaux ou des avions.

En accordéon! pages 22 et 23

Le pont de papier plié est plus rigide que l'autre et peut supporter une masse plus importante. Demandez aux enfants de trouver des structures qui contiennent des parties pliées, ondulées ou plissées. Par exemple, on trouve des plis dans les structures de papier comme les objets d'origami, dans le carton ondulé, et dans les toits de métal ou de plastique ondulé.

Des formes solides pages 24 et 25

Les dômes et les arches sont des formes qui répartissent le poids de la structure sur sa fondation, ou sa base. Invitez les enfants à chercher, dans des livres et des magazines, des images de stades, d'églises, de tunnels, de portes et de murs qui comportent des arches ou des dômes. Vous pouvez aussi démontrer la solidité des dômes en plaçant quatre œufs durs dans une boîte à œufs (un dans chaque coin). Placez une plaque à pâtisserie sur les œufs et empilez des livres dessus, un par un. Les œufs peuvent en supporter une bonne quantité avant que leur coquille se brise.

La magie du triangle pages 26 et 27

Formez un carré avec quatre cure-dents et quatre guimauves, et un triangle avec trois cure-dents et trois guimauves. Appuyez doucement sur ces deux structures pour démontrer que le triangle est beaucoup plus rigide que le carré. Cette expérience aidera les enfants à comprendre pourquoi on se sert souvent de triangles pour rendre les structures plus solides. Demandez-leur de trouver des triangles dans les toits, les tours métalliques, les ponts et l'équipement des terrains de jeux. Soulignez que les pyramides sont des structures comptant quatre côtés triangulaires.

Des structures de toutes sortes pages 28 et 29

Apportez plusieurs structures différentes (autos miniatures, figurines d'action, maisons de poupées et équipement de sport), puis demandez aux enfants d'en désigner les parties et de noter comment elles sont assemblées. Invitez-les à repérer les formes qui rendent ces structures particulièrement solides : triangles, arches ou dômes. Enfin, demandez-leur d'examiner les matériaux employés pour faire ces structures, par exemple du caoutchouc, du métal ou du bois, et discutez des raisons pour lesquelles ces matériaux ont été choisis (des matériaux différents sont destinés à des usages différents).

Mots à retenir

attache : objet servant à assembler des parties

partie : élément d'une structure

structure : objet composé de parties assemblées

Index